PLANETA ANIMAL

EL HALCÓN

POR KATE RIGGS

CREATIVE EDUCATION • CREATIVE PAPERBACKS

Publicado por Creative Education
y Creative Paperbacks
P.O. Box 227, Mankato, Minnesota 56002
Creative Education y Creative Paperbacks son marcas
editoriales de The Creative Company
www.thecreativecompany.us

Diseño de The Design Lab
Producción de Rachel Klimpel
Dirección de arte de Rita Marshall
Traducción de TRAVOD, www.travod.com

Fotografías de Photos by Alamy (Arterra Picture Library, blick-
winkel, imageBROKER, JAH), Corbis (Jim Zuckerman, W. Perry
Conway), Dreamstime (Alantunnicliffe, Arman Zhenikeyev, Brett
Critchley, Davemhuntphotography, Vasyl Helevachuk), Getty
(Boris Droutman / 500px, Gary Chalker), iStock (Missing35mm),
Superstock (SuperStock)

Library of Congress Cataloging-in-Publication Data
Names: Riggs, Kate, author.
Title: El halcón / by Kate Riggs.
Other titles: Falcons. Spanish
Description: Mankato, Minnesota: The Creative Company,
2023. | Series: Planeta animal | Includes index. | Audience:
Ages 6–9 | Audience: Grades 2–3 | Summary:
"Elementary-aged readers will discover many kinds of
falcons. Full color images and clear explanations highlight
the habitat, diet, and lifestyle of these fascinating flying
creatures"—Provided by publisher.
Identifiers: LCCN 2022007734 (print) | LCCN 2022007735
(ebook) | ISBN 9781640266902 (library binding) | ISBN
9781682772461 (paperback) | ISBN 9781640008311
(ebook)
Subjects: LCSH: Falcons—Juvenile literature.
Classification: LCC QL696.F34 R54518 2023 (print)
| LCC QL696.F34 (ebook) | DDC 598.9/6—dc23/
eng/20220315.

Tabla de contenidos

*Los halcones peregrinos
se encuentran en todo
el mundo.*

El halcón es un **ave de presa**. Hay 39 tipos diferentes de halcones. Viven en todos los **continentes**, excepto en la Antártida. Algunos halcones se llaman cernícalos o alcotanes.

aves de presa aves que cazan y se comen a otros animales

continente una de las siete grandes extensiones de tierra del planeta

El pico y las garras del halcón son como navajas.

El pico del halcón es curvo y filoso. Sus patas tienen **garras**. Igual que las demás aves, el halcón tiene plumas. Las plumas de sus alas son muy largas. El halcón puede planear en el aire, a gran altura.

garras las uñas filosas de las aves de presa

Las hembras son más grandes que los machos. La hembra del halcón gerifalte mide unos dos pies (0,6 m) de largo. Pero las alas del halcón gerifalte pueden estirarse y medir más de cinco pies (1,5 m) de envergadura. El tipo de halcón más pequeño mide tan solo siete pulgadas (17,8 cm) de largo. ¡Eso es casi lo que mide un lápiz!

El halcón gerifalte vive en montañas altas y lugares fríos, con nieve.

El halcón maorí se encuentra en las islas de Nueva Zelanda.

Los halcones viven en casi todos los **hábitats** de la Tierra. Evitan los lugares demasiado húmedos o demasiado fríos. Muchos halcones viven cerca de áreas boscosas y fuentes de agua.

hábitat un lugar donde viven animales

Las aves de presa comen carne. Los halcones cazan ratones, pájaros, murciélagos y otros animales pequeños. Para poder comer, antes deben aterrizar. Los halcones no tienen dientes. Usan el pico para despedazar su comida.

Los halcones se tragan todo, desde las plumas hasta los huesos.

Al principio, los polluelos tienen una cubierta esponjosa de plumón.

LOS halcones no construyen nidos. En vez, la hembra y el macho cavan juntos un hoyo poco profundo en la tierra o arena. La hembra pone entre tres y cinco huevos. Los **polluelos** eclosionan en unos 40 días. Los halcones jóvenes luchan por la comida. Crecen rápidamente y aprenden a volar. Antes de abandonar el nido, se les llama volantones.

polluelos halcones bebés

El halcón es el animal más rápido de la Tierra. Usa sus poderosas alas para surcar el aire. ¡El halcón peregrino puede volar en picada a una velocidad de 200 millas (322 km) por hora!

El halcón planea sobre su presa antes de prepararse para volar en picada.

Los halcones adultos tienen pocas amenazas. A veces, los halcones más grandes los cazan. Los humanos también los cazan. Los halcones que se mantienen a salvo viven hasta 15 años en la naturaleza.

El cernícalo americano anida en cajas que la gente le fabrica.

EL HALCÓN

Algunas personas entrenan halcones. Usan a estas aves para cazar. Los halcones no sueltan a la presa sino hasta que el cazador la levanta. ¡Busca a estas fuertes aves volar y caer en picada!

A quien entrena halcones se le conoce como halconero.

Un cuento del halcón

Los indígenas norteamericanos del sureste de Estados Unidos creían que el halcón peregrino era muy rápido porque tenía un papel especial. Creían que podía volar desde el mundo superior de los **dioses** hacia la Tierra. El halcón tenía que volar rápido y ser fuerte para poder hacer esto. Las personas se disfrazaban de halcones para tratar de ser guerreros poderosos.

dioses seres de los que se creía tenían poderes especiales y control sobre el mundo

Índice